Impressum
Verlag: BABADADA GmbH, Nedderfeld 112 , 22529 Hamburg
Geschäftsführer / Verlagsleitung: Harald Hof
Druck: Books on Demand GmbH, In de Tarpen 42, 22848 Norderstedt

Imprint
Publisher: BABADADA GmbH, Nedderfeld 112 , 22529 Hamburg, Germany
Managing Director / Publishing direction: Harald Hof
Print: Books on Demand GmbH, In de Tarpen 42, 22848 Norderstedt

iskola

koulu

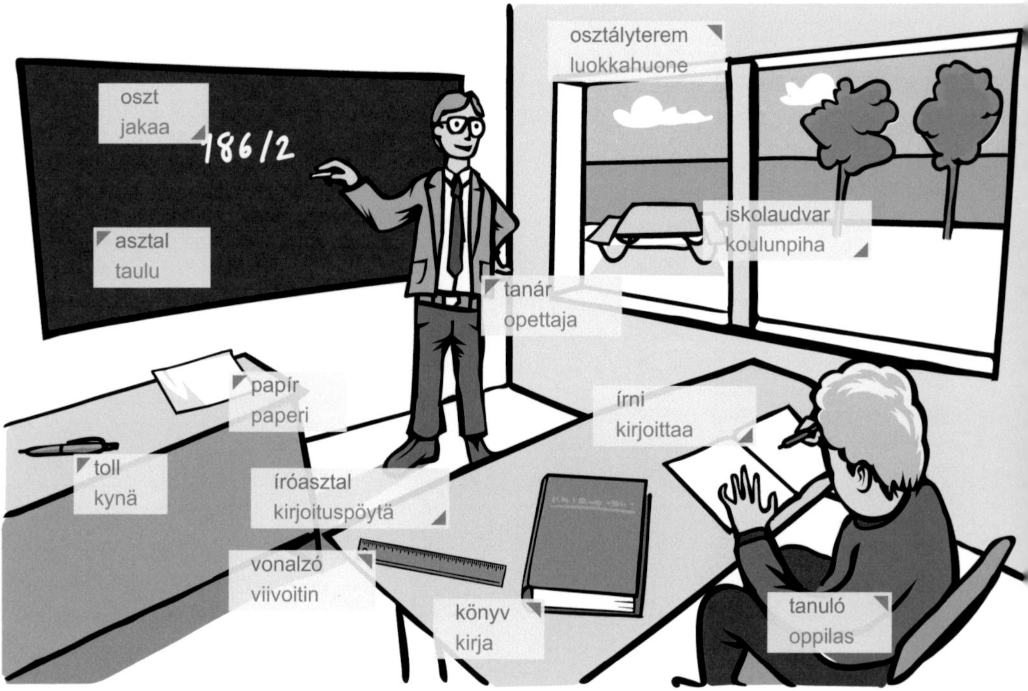
osztályterem
luokkahuone
oszt
jakaa
186/2
asztal
taulu
iskolaudvar
koulunpiha
tanár
opettaja
papír
paperi
írni
kirjoittaa
toll
kynä
íróasztal
kirjoituspöytä
vonalzó
viivoitin
könyv
kirja
tanuló
oppilas

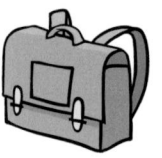

iskolatáska

reppu

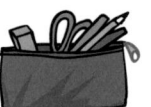

tolltartó

penaali

ceruza

lyijykynä

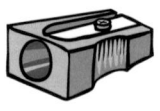

ceruzahegyező

kynänteroitin

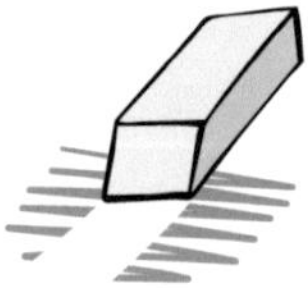

radír

pyyhekumi

rajzfüzet

piirustuslehtiö

rajz

piirustus

ecset

pensseli

festőkészlet

vesivärit

olló

sakset

ragasztó

liima

munkafüzet

harjoituskirja

házi feladat

kotitehtävä

12

szám

luku

2+2

összead

lisätä

5-2

kivon

vähentää

2×2

szoroz

kertoa

számol

laskea

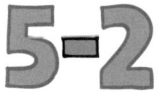

betű

kirjain

ABCDEFG
HIJKLMN
OPQRSTU
VWXYZ

ABC

aakkoset

szó

sana

szöveg

teksti

olvasni

lukea

kréta

liitu

tanóra

oppitunti

napló

opettajan muistikirja

vizsga

koe

bizonyítvány

todistus

iskolai egyenruha

koulupuku

oktatás

koulutus

enciklopédia

sanakirja

egyetem

yliopisto

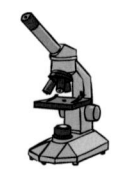

mikroszkóp

mikroskooppi

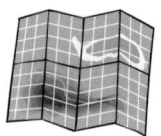

térkép

kartta

papír-hulladék gyűjtő

roskakori

utazás
matka

hotel
hotelli
Grand
szállás
retkeilymaja
ROOMS
valutaváltó iroda
rahanvaihto
EXCHANGE
bőrönd
matkalaukku
autó
auto

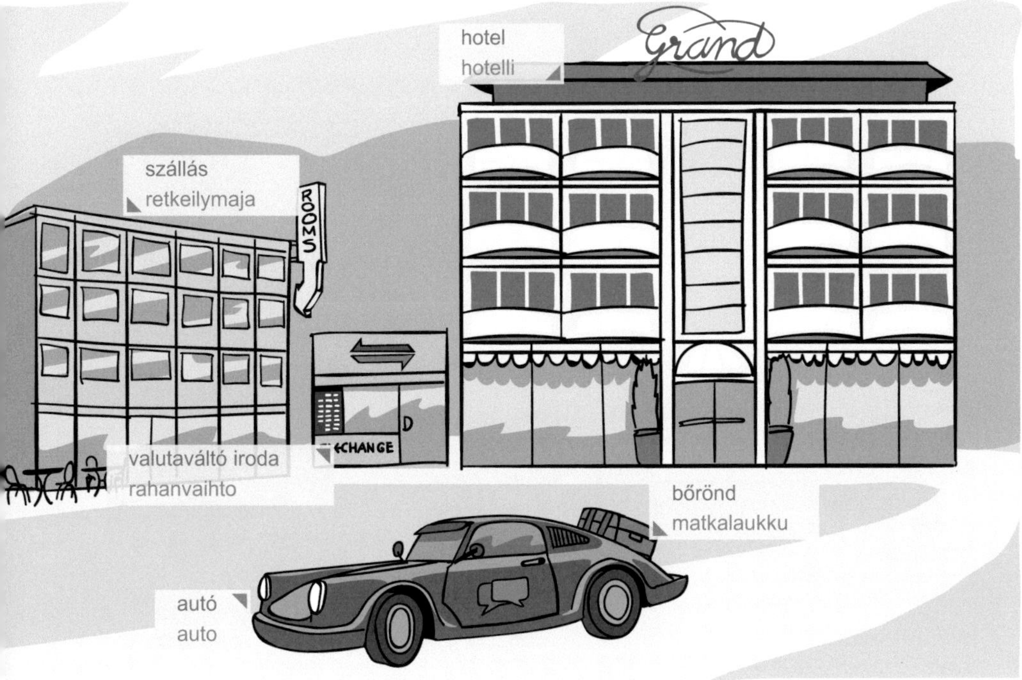

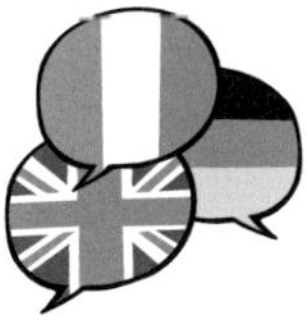

nyelv

kieli

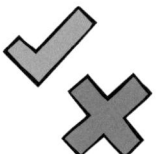

igen/nem

kyllä / ei

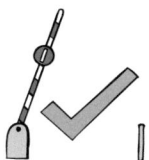

rendben

selvä

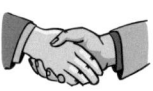

szia

hei

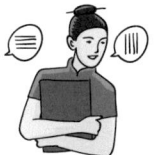

fordító

tulkki

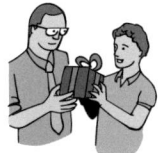

köszönöm

kiitos

mennyibe kerül…?

Paljonko...maksaa?

nem értem

en ymmärrä

probléma

ongelma

Jó estét!

Hyvää iltaa!

jó reggelt!

Hyvää huomenta!

jó éjszakát!

Hyvää yötä!

viszontlátásra

näkemiin

útirány

suunta

poggyász

matkatavarat

táska

laukku

hátizsák

reppu

vendég

vieras

szoba

huone

hálózsák

makuupussi

sátor

teltta

turista információ
turisti-info

strand
ranta

hitelkártya
luottokortti

reggeli
aamupala

ebéd
lounas

vacsora
päivällinen

jegy
matkalippu

lift
hissi

bélyeg
postimerkki

határ
raja

vám
tulli

nagykövetség
suurlähetystö

vízum
viisumi

útlevél
passi

közlekedés
kuljetus

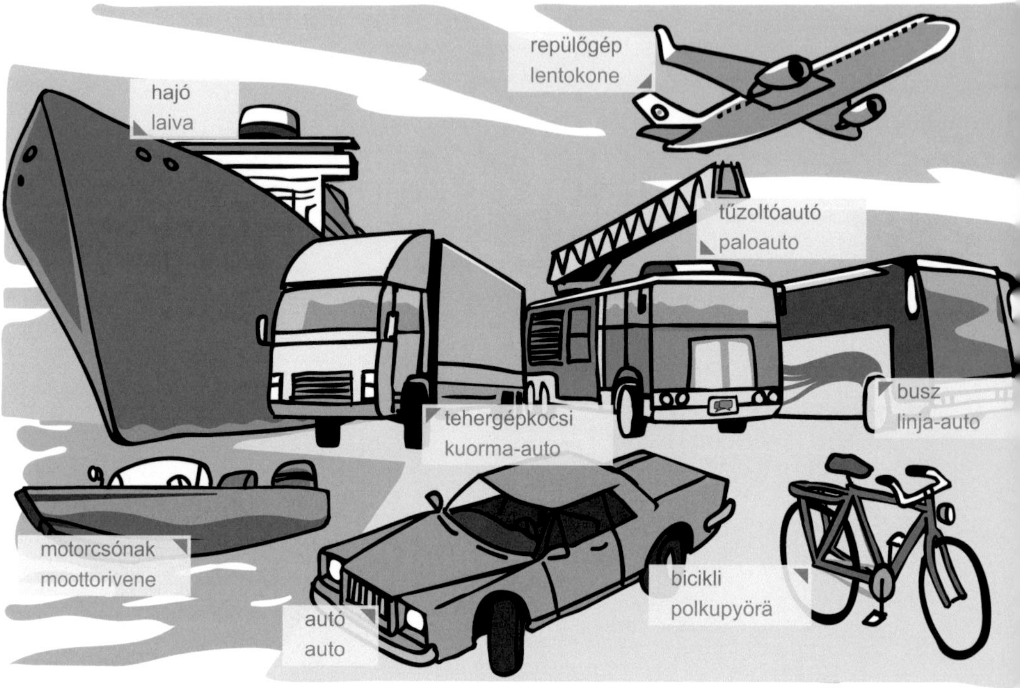

repülőgép
lentokone
hajó
laiva
tűzoltóautó
paloauto
busz
linja-auto
tehergépkocsi
kuorma-auto
motorcsónak
moottorivene
bicikli
polkupyörä
autó
auto

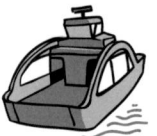

komp

lautta

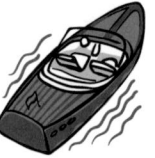

csónak

vene

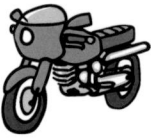

motorkerékpár

moottoripyörä

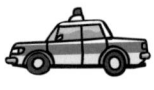

rendőrautó

poliisiauto

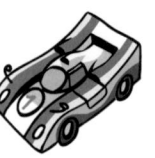

versenyautó

kilpa-auto

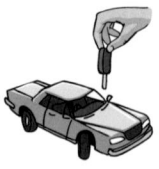

bérautó

vuokra-auto

telekocsi

car sharing

vontató

hinausauto

szemetes autó

roska-auto

motor

moottori

üzemanyag

polttoaine

benzinkút

huoltoasema

közlekedési tábla

liikennemerkki

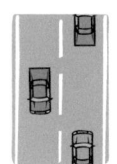

forgalom

liikenne

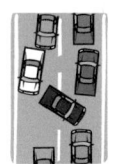

forgalmi dugó

ruuhka

parkoló

parkkipaikka

vonatállomás

rautatieasema

sínek

raiteet

vonat

juna

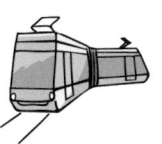

villamos

raitiovaunu

vagon

vaunu

helikopter

helikopteri

repülőtér

lentokenttä

torony

lähilennonjohto

utas

matkustaja

konténer

kontti

kartondoboz

pahvilaatikko

taliga

kärryt

kosár

kori

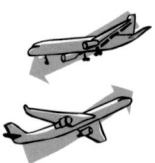

felszáll / leszáll

nousta / laskea

város
kaupunki

falu

kylä

városközpont

keskusta

ház

talo

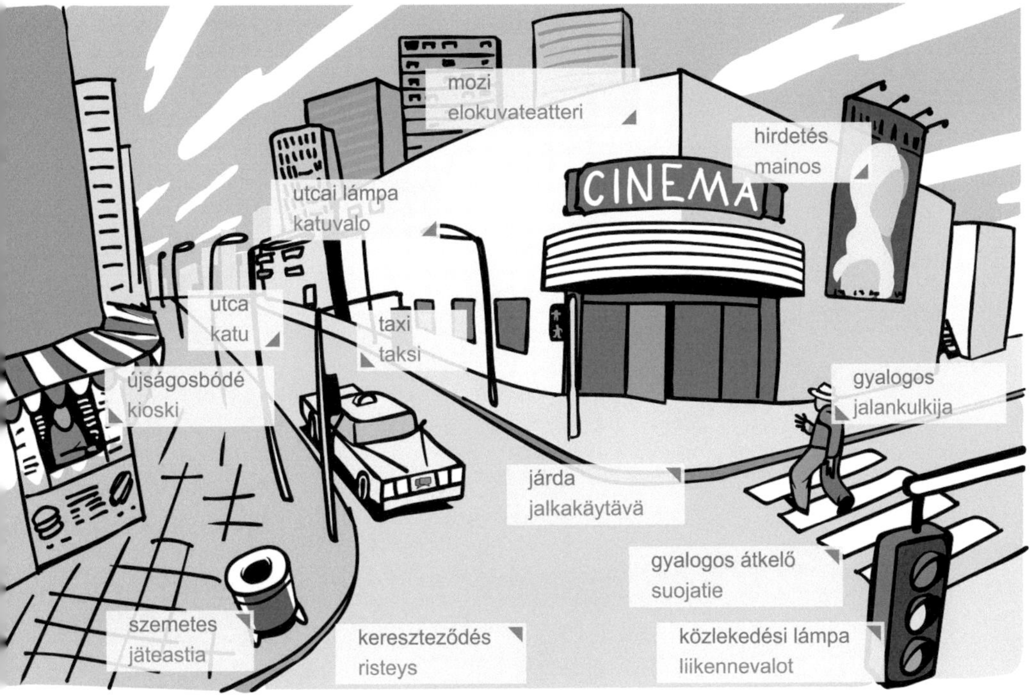

mozi
elokuvateatteri

hirdetés
mainos

utcai lámpa
katuvalo

CINEMA

utca
katu

taxi
taksi

gyalogos
jalankulkija

újságosbódé
kioski

járda
jalkakäytävä

gyalogos átkelő
suojatie

szemetes
jäteastia

kereszteződés
risteys

közlekedési lámpa
liikennevalot

kunyhó
mökki

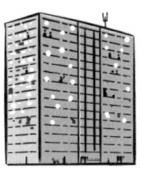

lakás
kerrostalo

vonatállomás
rautatieasema

városháza
kaupungintalo

múzeum
museo

iskola
koulu

egyetem	bank	kórház
yliopisto	pankki	sairaala

hotel	gyógyszertár	iroda
hotelli	apteekki	toimisto

könyvesbolt	üzlet	virágüzlet
kirjakauppa	liike	kukkakauppa

szupermarket	piac	áruház
supermarketti	tori	tavaratalo

halárus	bevásárló központ	kikötő
kalakauppias	ostoskeskus	satama

park

puisto

pad

penkki

híd

silta

lépcső

portaat

metró

metro

alagút

tunneli

buszmegálló

linja-autopysäkki

bár

baari

étterem

ravintola

postaláda

postilaatikko

utcatábla

katukyltti

parkoló óra

parkkimittari

állatkert

eläintarha

uszoda

uimala

mecset

moskeija

gazdálkodás

maatila

környezetszennyezés

ympäristön saastuminen

temető

hautausmaa

templom

kirkko

játszótér

leikkikenttä

szentély

temppeli

táj
maisema

levél
lehti

útjelző tábla
tienviitta

út
tie

rét
niitty

kő
kivi

túrázó
retkeilijä

fa
puu

folyó
joki

fű
ruoho

virág
kukka

völgy

laakso

domb

vuori

tó

järvi

erdő

metsä

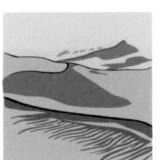

sivatag

aavikko

vulkán

tulivuori

kastély

linna

szivárvány

sateenkaari

gomba

sieni

pálmafa

palmu

szúnyog

hyttynen

légy

kärpänen

hangya

muurahainen

méhecske

mehiläinen

pók

hämähäkki

táj - maisema

bogár

kovakuoriainen

béka

sammakko

mókus

orava

sündisznó

siili

nyúl

jänis

bagoly

pöllö

madár

lintu

hattyú

joutsen

vaddisznó

villisika

szarvas

peura

rénszarvas

hirvi

gát

pato

szélturbina

tuulimylly

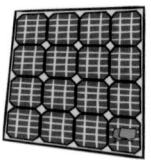

napelem

aurinkopaneeli

éghajlat

ilmasto

étterem
ravintola

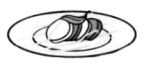

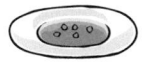

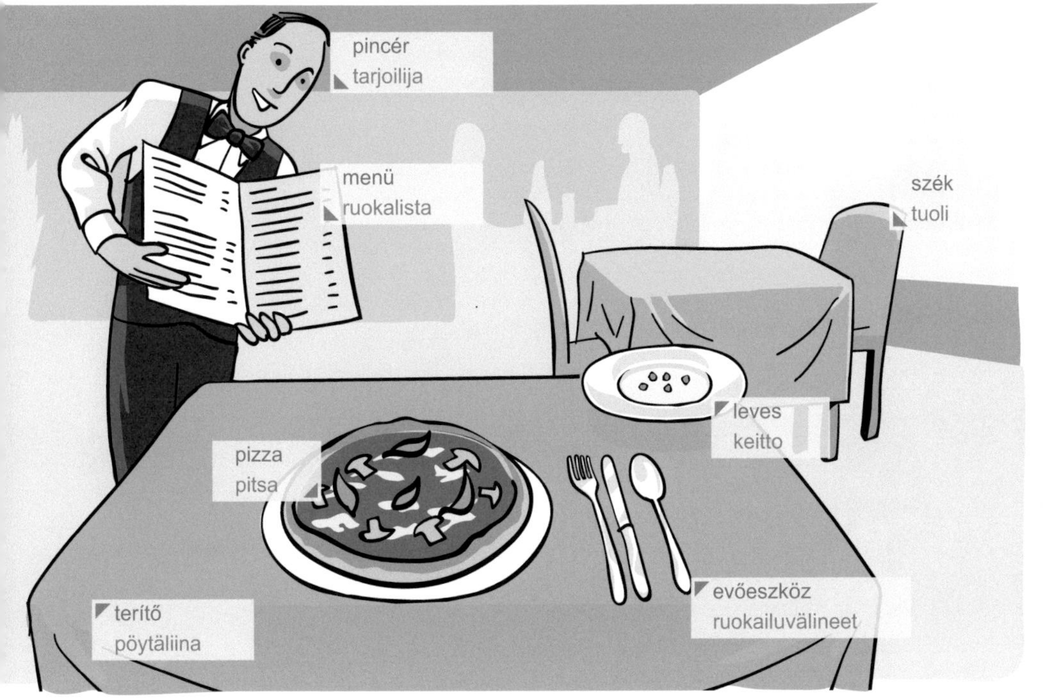
pincér
tarjoilija
menü
ruokalista
szék
tuoli
leves
keitto
pizza
pitsa
evőeszköz
ruokailuvälineet
terítő
pöytäliina

előétel

alkuruoka

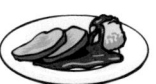

főétel

pääruoka

desszert

jälkiruoka

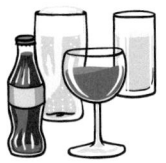

italok

juomat

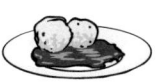

étel

ruoka

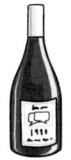

üveg

pullo

gyorsétel

pikaruoka

gyorsétel

katuruoka

teás kanna

teekannu

cukortartó

sokeriastia

adag

annos

eszpresszógép

espressokeitin

bárszék

syöttötuoli

számla

lasku

tálca

tarjotin

kés

veitsi

villa

haarukka

kanál

lusikka

teáskanál

teelusikka

szalvéta

servietti

pohár

lasi

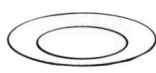

tányér

lautanen

leveses tányér

syvä lautanen

csészealj

aluslautanen

szósz

kastike

sószóró

suolasirotin

borsőrlő

pippurimylly

ecet

etikka

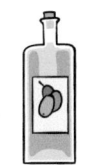

étkezési olaj

öljy

fűszerek

mausteet

ketchup

ketsuppi

mustár

sinappi

majonéz

majoneesi

szupermarket
supermarketti

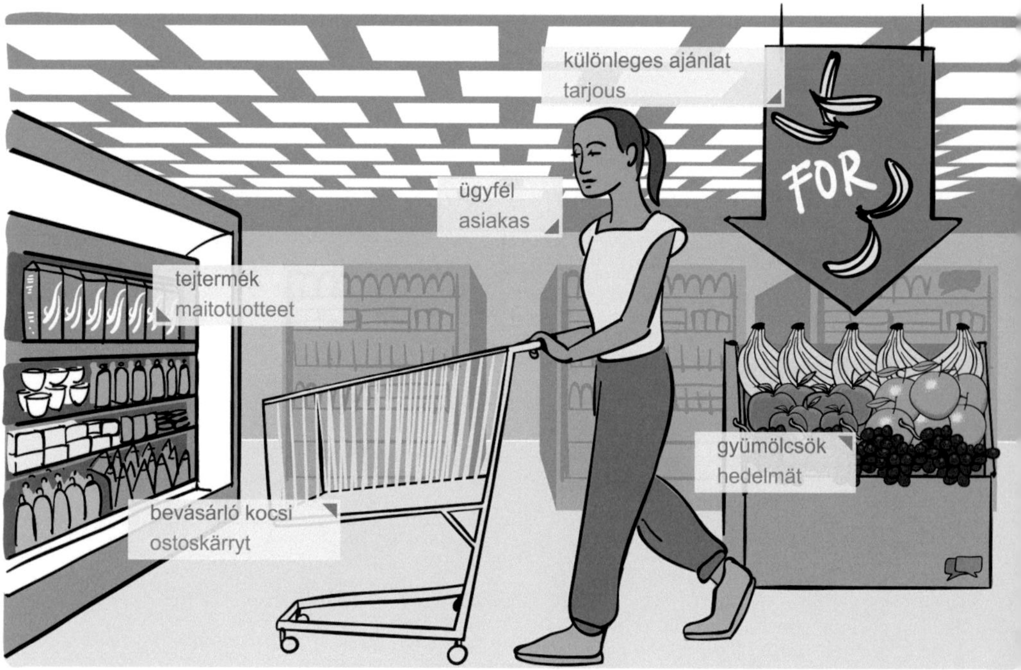
különleges ajánlat
tarjous
FOR
ügyfél
asiakas
tejtermék
maitotuotteet
gyümölcsök
hedelmät
bevásárló kocsi
ostoskärryt

BUTCHERS

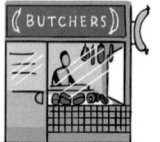

hentes

teurastamo

BAKERY

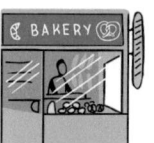

pékség

leipomo

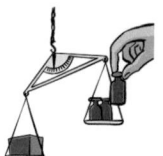

nyom valamennyit

punnita

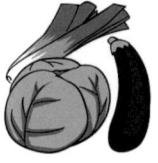

zöldség

kasvikset

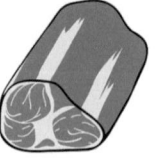

hús

liha

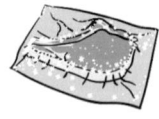

fagyasztott áru

pakasteet

felvágott

leikkele

konzerv

säilykkeet

mosópor

pesujauhe

édességek

makeiset

háztartási termék

kotitaloustarvikkeet

tisztítószerek

puhdistusaineet

eladó

myyjä

pénztárgép

kassa

eladó

kassanhoitaja

bevásárló lista

ostoslista

nyitva tartás

aukioloajat

levéltárca

lompakko

hitelkártya

luottokortti

zacskó

kassi

műanyag zacskó

muovipussi

víz
vesi

gyümölcslé
mehu

tej
maito

kóla
kokis

bor
viini

sör
olut

alkohol
alkoholi

kakaó
kaakao

tea
tee

kávé
kahvi

eszpresszó
espresso

kapucsínó
cappuccino

banán

banaani

alma

omena

narancs

appelsiini

sárgadinnye

meloni

citrom

sitruuna

sárgarépa

porkkana

fokhagyma

valkosipuli

bambusz

bambu

hagyma

sipuli

gomba

sieni

magvak

pähkinät

nokedli

spagetti

spagetti

spagetti

rizs

riisi

saláta

salaatti

sült krumpli

ranskalaiset

sült burgonya

paistetut perunat

pizza

pitsa

hamburger

hampurilainen

szendvics

voileipä

hússzelet

leike

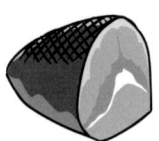

sonka

kinkku

szalámi

salami

kolbász

makkara

csirke

kana

pecsenye

paisti

hal

kala

zabkása

kaurahiutaleet

müzli

mysli

kukoricapehely

murot

liszt

jauho

croissant

voisarvi

zsemle

sämpylä

kenyér

leipä

pirítós kenyér

paahtoleipä

keksz

keksit

vaj

voi

túró

rahka

sütemény

kakku

tojás

kananmuna

tükörtojás

paistettu kananmuna

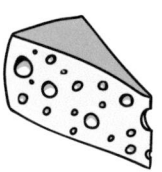

sajt

juusto

jégkrém

jäätelö

cukor

sokeri

méz

hunaja

lekvár

hillo

mogyorókrém

suklaapähkinälevite

curry

curry

gazdálkodás
maatila

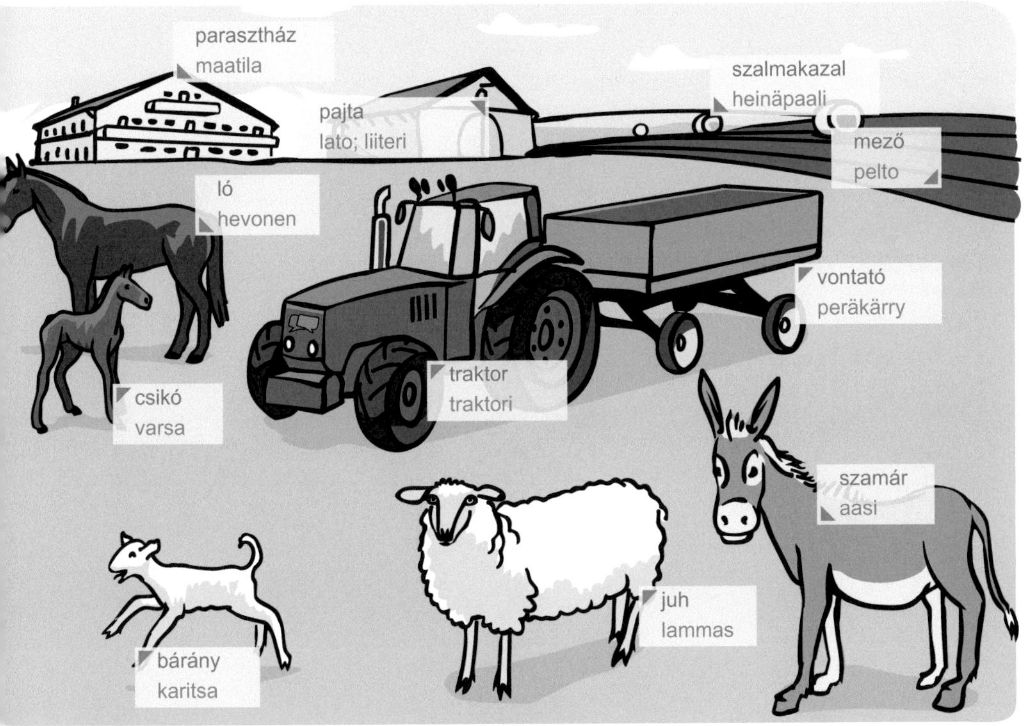
parasztház
maatila
pajta
lato; liiteri
szalmakazal
heinäpaali
mező
pelto
ló
hevonen
vontató
peräkärry
traktor
traktori
csikó
varsa
szamár
aasi
juh
lammas
bárány
karitsa

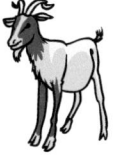

kecske
vuohi

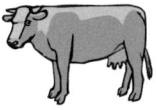

tehén
lehmä

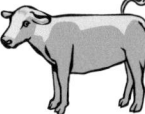

borjú
vasikka

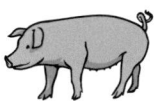

malac
sika

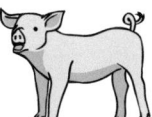

kismalac
porsas

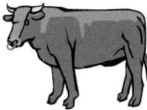

bika
sonni

liba

hanhi

kacsa

ankka

csibe

tipu

tojó

kana

kakas

kukko

patkány

rotta

macska

kissa

egér

hiiri

ökör

härkä

kutya

koira

kutyaház

koirankoppi

kerti öntözőcső

puutarhaletku

öntözőkanna

kastelukannu

kasza

viikate

eke

aura

sarló
sirppi

kapa
kuokka

vasvilla
talikko

fejsze
kirves

talicska
kottikärryt

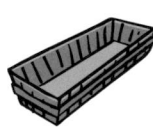

teknő
kaukalo

tejes kancsó
maitokannu

zsák
säkki

kerítés
aita

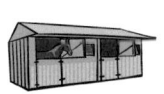

istálló
talli

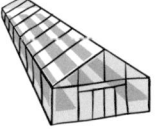

üvegház
kasvihuone

talaj
maa

vetőmag
siemen

trágya
lannoite

cséplőgép
leikkuupuimuri

szüretelni

kerätä sato

betakarítás

sato

yamgyökér

jamssit

búza

vehnä

szója

soija

burgonya

peruna

kukorica

maissi

repcemag

rypsi

gyümölcsfa

hedelmäpuu

manióka

maniokki

gabona

vilja

ház
talo

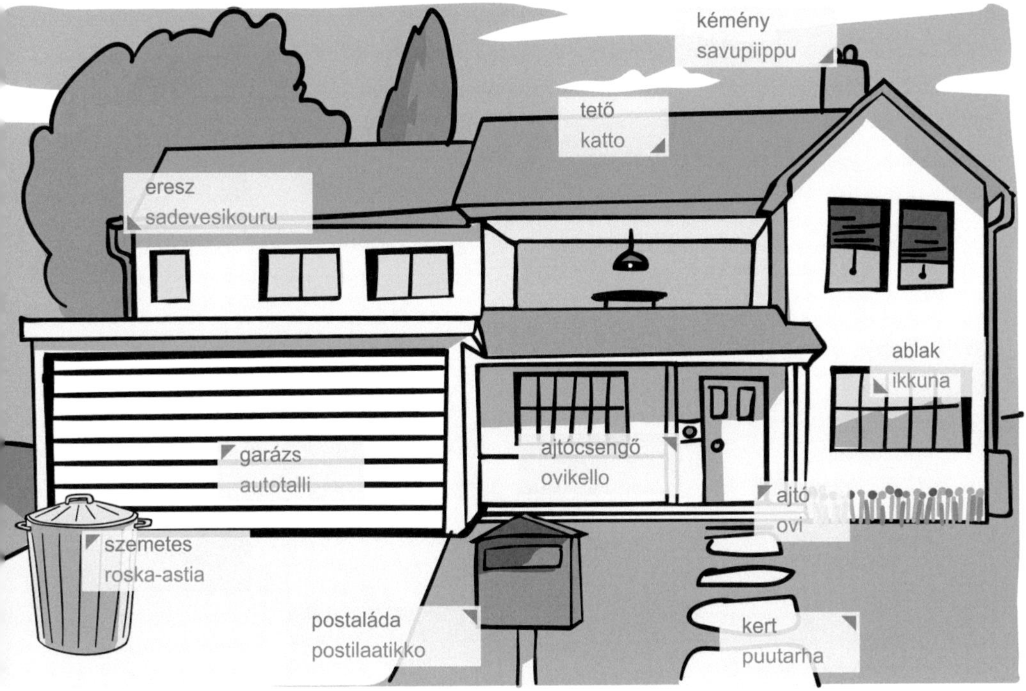

kémény
savupiippu
tető
katto
eresz
sadevesikouru
ablak
ikkuna
garázs
autotalli
ajtócsengő
ovikello
ajtó
ovi
szemetes
roska-astia
postaláda
postilaatikko
kert
puutarha

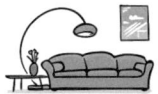

nappali
olohuone

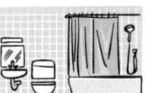

fürdőszoba
kylpyhuone

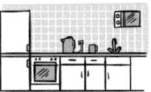

konyha
keittiö

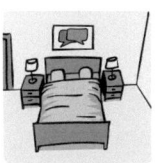

hálószoba
makuuhuone

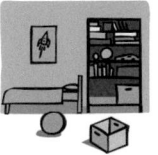

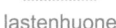

gyerekszoba
lastenhuone

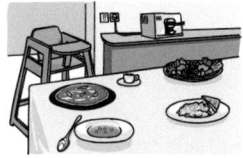

ebédlő
ruokahuone

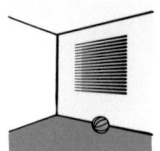

padló

lattia

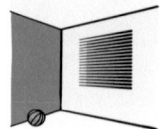

fal

seinä

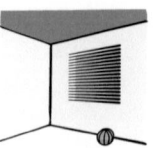

plafon

katto

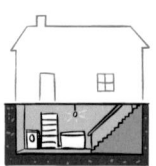

pince

kellari

szauna

sauna

erkély

parveke

terasz

terassi

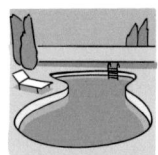

medence

uima-allas

fűnyíró

ruohonleikkuri

lepedő

lakana

ágytakaró

päiväpeitto

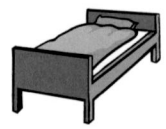

ágy

sänky

seprű

harja

vödör

ämpäri

kapcsoló

katkaisin

nappali
olohuone

tapéta
tapetti
kép
kuva
lámpa
lamppu
polc
hylly
szekrény
kaappi
televízió
televisio
kandalló
takka
virág
kukka
párna
tyyny
kanapé
sohva
váza
maljakko
távirányító
kaukosäädin

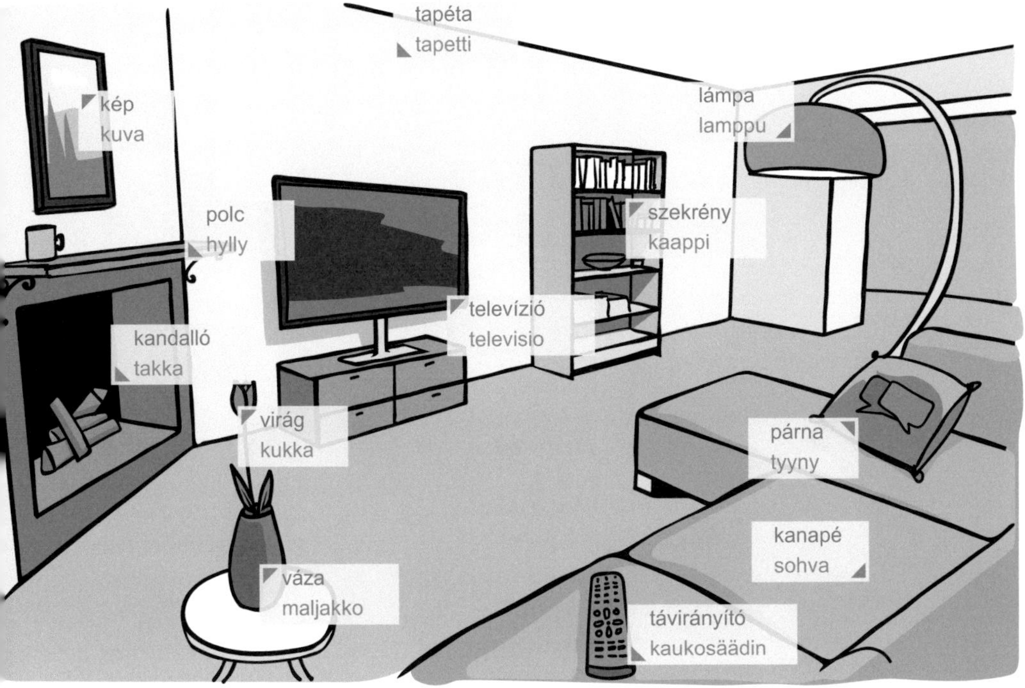

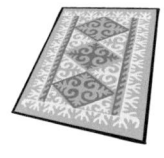

szőnyeg

matto

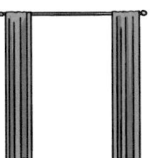

függöny

verho

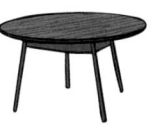

asztal

pöytä

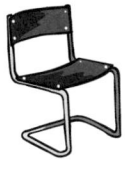

szék

tuoli

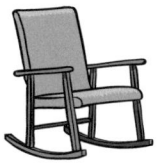

hintaszék

keinutuoli

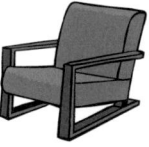

karosszék

nojatuoli

könyv

kirja

takaró

peitto

dekoráció

koriste

tűzifa

polttopuut

film

elokuva

hifi

stereot

kulcs

avain

újság

sanomalehti

festmény

maalaus

poszter

juliste

rádió

radio

jegyzetfüzet

muistivihko

porszívó

pölynimuri

kaktusz

kaktus

gyertya

kynttilä

konyha
keittiö

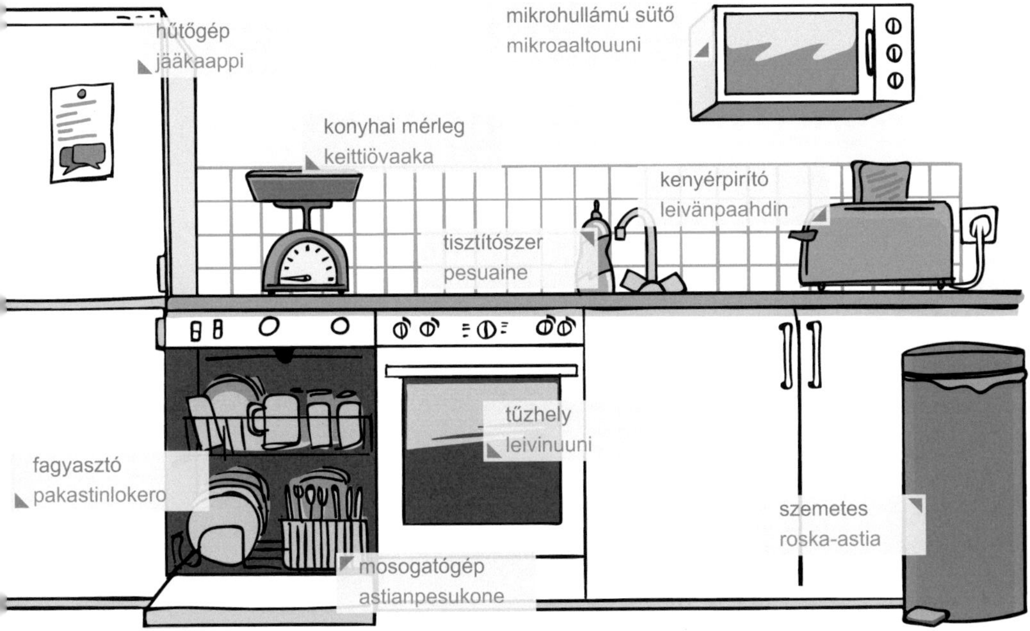
hűtőgép
jääkaappi
mikrohullámú sütő
mikroaaltouuni
konyhai mérleg
keittiövaaka
kenyérpirító
leivänpaahdin
tisztítószer
pesuaine
tűzhely
leivinuuni
fagyasztó
pakastinlokero
szemetes
roska-astia
mosogatógép
astianpesukone

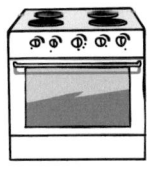

tűzhely
liesi

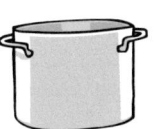

edény
kattila

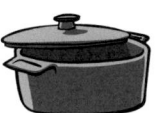

vasfazék
rautapata

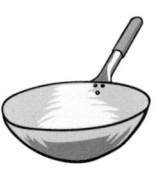

wok / kadai
vokkipannu / kadai-pannu

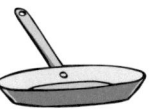

serpenyő
paistinpannu

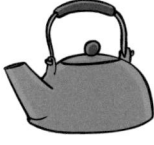

vízforraló
teepannu

páróló

höyrykeitin

tepsi

uunipelti

étkészlet

astiat

bögre

muki

tálka

kulho

evőpálcika

syömäpuikot

merőkanál

kauha

keverőlapátka

paistinlasta

habverő

vispilä

szűrő

siivilä

szita

siivilä

reszelő

raastin

mozsár

mortteli

grillsütő

grilli

kandalló

avotuli

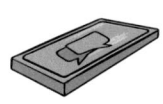

vágódeszka

leikkuulauta

sodrófa

kaulin

dugóhúzó

korkinavaaja

doboz

purkki

konzervnyitó

purkinavaaja

edényfogó

pannulappu

mosogató

lavuaari

kefe

tiskiharja

szivacs

pesusieni

turmixgép

tehosekoitin

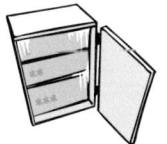

mélyhűtő

pakastin

cumisüveg

tuttipullo

csap

vesihana

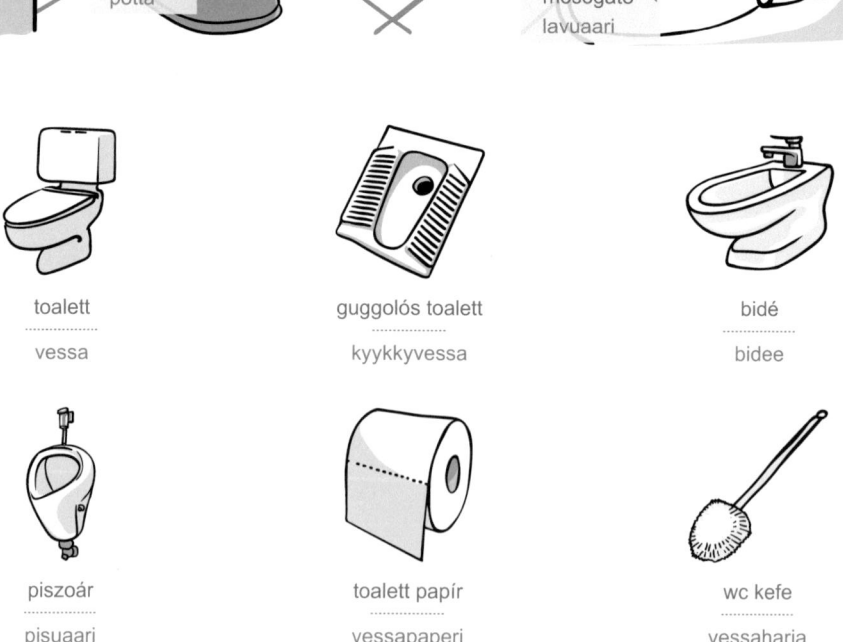

fürdőszoba
kylpyhuone

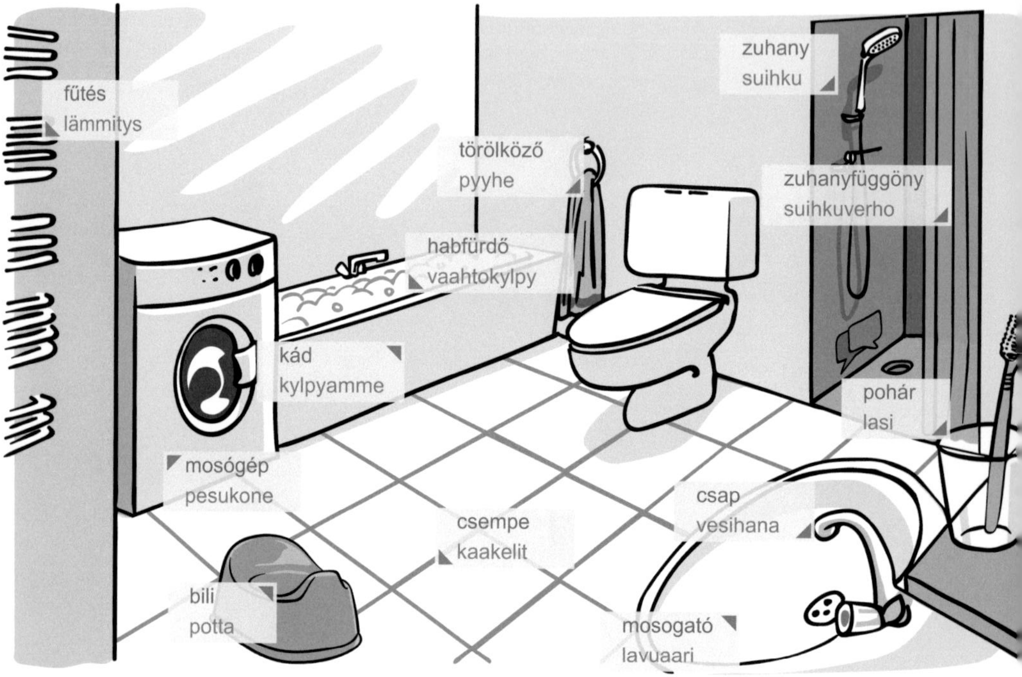

fűtés
lämmitys
törölköző
pyyhe
zuhany
suihku
zuhanyfüggöny
suihkuverho
habfürdő
vaahtokylpy
kád
kylpyamme
mosógép
pesukone
pohár
lasi
csap
vesihana
csempe
kaakelit
bili
potta
mosogató
lavuaari

toalett

vessa

guggolós toalett

kyykkyvessa

bidé

bidee

piszoár

pisuaari

toalett papír

vessapaperi

wc kefe

vessaharja

fogkefe

hammasharja

fogkrém

hammastahna

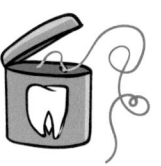

fogselyem

hammaslanka

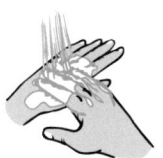

mosni

pestä

kézi zuhany

käsisuihku

intimzuhany

intiimisuihku

mosdótál

pesuvati

hátmosó kefe

selkäharja

szappan

saippua

tusfürdő

suihkugeeli

sampon

shampoo

mosdókesztyű

pesulappu

lefolyó

viemäri

krém

voide

dezodor

deodorantti

tükör

peili

kézitükör

käsipeili

borotva

partaveitsi

borotvahab

partavaahto

borotválkozás utáni
arcszesz

partavesi

fésű

kampa

hajkefe

harja

hajszárító

hiustenkuivaaja

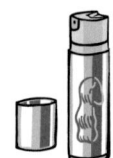

hajlakk

hiuslakka

smink

meikki

ajakrúzs

huulipuna

körömlakk

kynsilakka

vatta

pumpuli

körömvágó olló

kynsisakset

parfüm

hajuvesi

fürdőszoba - kylpyhuone

neszesszer

kosmetiikkalaukku

sámli

jakkara

mérleg

vaaka

köntös

kylpytakki

gumikesztyű

kumihansikkaat

tampon

tamponi

egészségügyi betét

terveysside

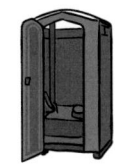

vegyi WC

kemiallinen wc

gyerekszoba
lastenhuone

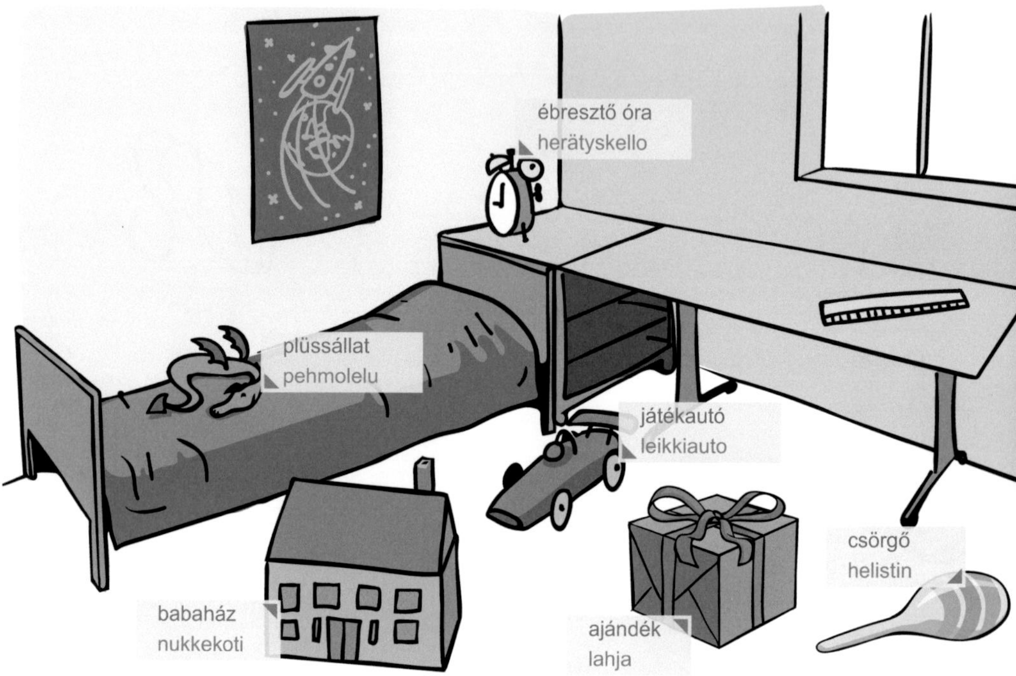
ébresztő óra
herätyskello
plüssállat
pehmolelu
játékautó
leikkiauto
csörgő
helistin
babaház
nukkekoti
ajándék
lahja

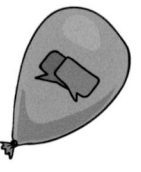

lufi

ilmapallo

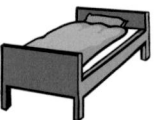

ágy

sänky

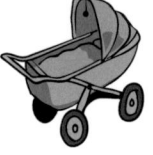

babakocsi

lastenvaunut

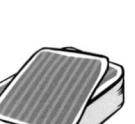

kártyapakli

korttipeli

kirakós játék

palapeli

SUPER
MEGA

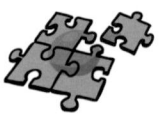

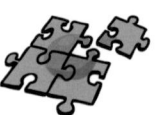

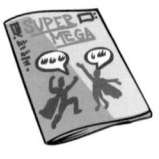

képregény

sarjakuva

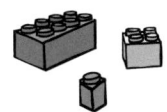

építőkockák

legopalikat

építőelem

rakennuspalikat

szuperhős

supersankari

rugdalózó

potkupuku

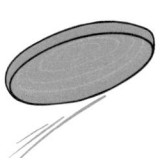

frizbi

frisbee

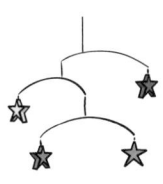

zenélő forgó

mobile

társasjáték

lautapeli

kocka

noppa

modellvasút

pienoisjunarata

cumi

tutti

zsúr

juhlat

képeskönyv

kuvakirja

labda

pallo

baba

nukke

játszani

leikkiä

homokozó

hiekkalaatikko

hinta

keinu

játékok

lelut

videójáték konzol

pelikonsoli

tricikli

kolmipyörä

teddi maci

nalle

ruhásszekrény

vaatekaappi

ruházat

vaatteet

zokni

sukat

harisnya

nylonsukat

harisnyanadrág

sukkahousut

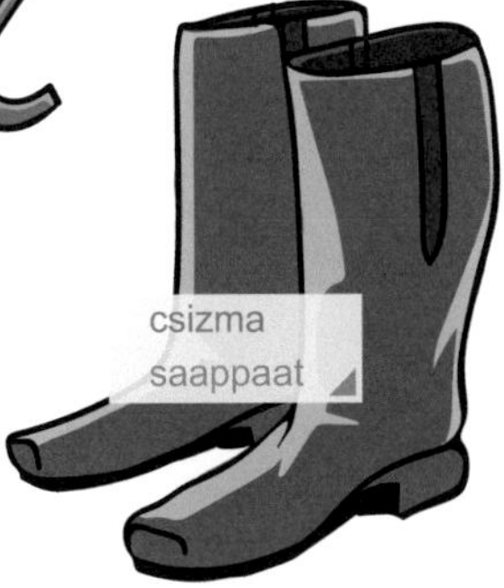

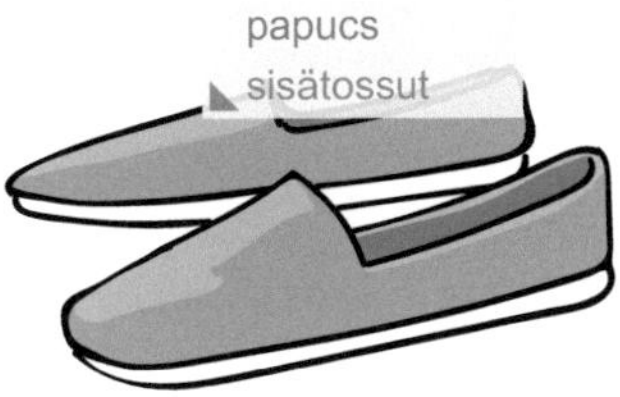

sál
kaulaliina

esernyő
sateenvarjo

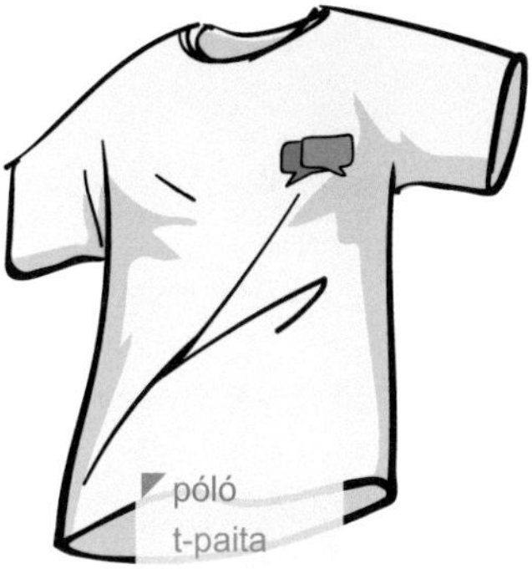

póló
t-paita

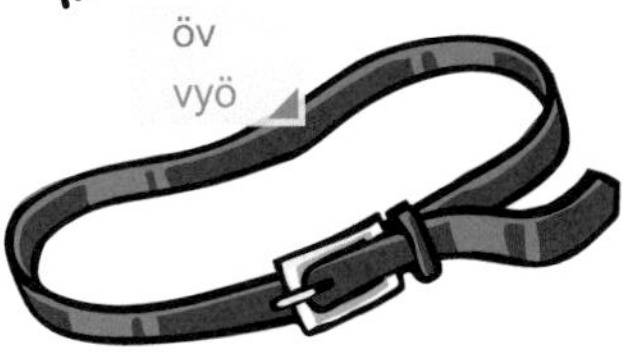

öv
vyö

csizma
saappaat

papucs
sisätossut

tornacipő
lenkkarit

szandál
....
sandaalit

cipő
....
kengät

gumicsizma
....
kumisaappaat

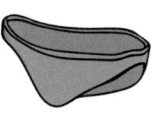

alsónadrág
....
alushousut

melltartó
....
rintaliivit

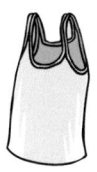

mellény
....
aluspaita

body

body

nadrág

housut

farmer

farkut

szoknya

hame

blúz

pusero

ing

paita

pulóver

villapaita

kapucnis pulóver

collegepaita

blézer

jakku

dzseki

takki

kabát

takki

esőkabát

sadetakki

kosztüm

puku

ruha

mekko

esküvői ruha

hääpuku

öltöny

puku

hálóing

yöpaita

pizsama

pyjama

szári

shari

fejkendő

päähuivi

turbán

turbaani

burka

burka

kaftán

kaftaani

abaya

abaya

fürdőruha

uimapuku

fürdőnadrág

uimahousut

rövidnadrág

shortsit

tréningruha

verkkarit

kötény

esiliina

kesztyű

käsineet

gomb

nappi

szemüveg

silmälasit

karkötő

rannekoru

nyaklánc

kaulakoru

gyűrű

sormus

fülbevaló

korvakoru

sapka

lippalakki

vállfa

ripustin

kalap

hattu

nyakkendő

solmio

cipzár

vetoketju

bukósisak

kypärä

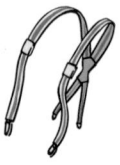

nadrágtartó

henkselit

iskolai egyenruha

koulupuku

egyenruha

univormu

elöke
....
ruokalappu

cumi
....
tutti

pelenka
....
vaippa

iroda

toimisto

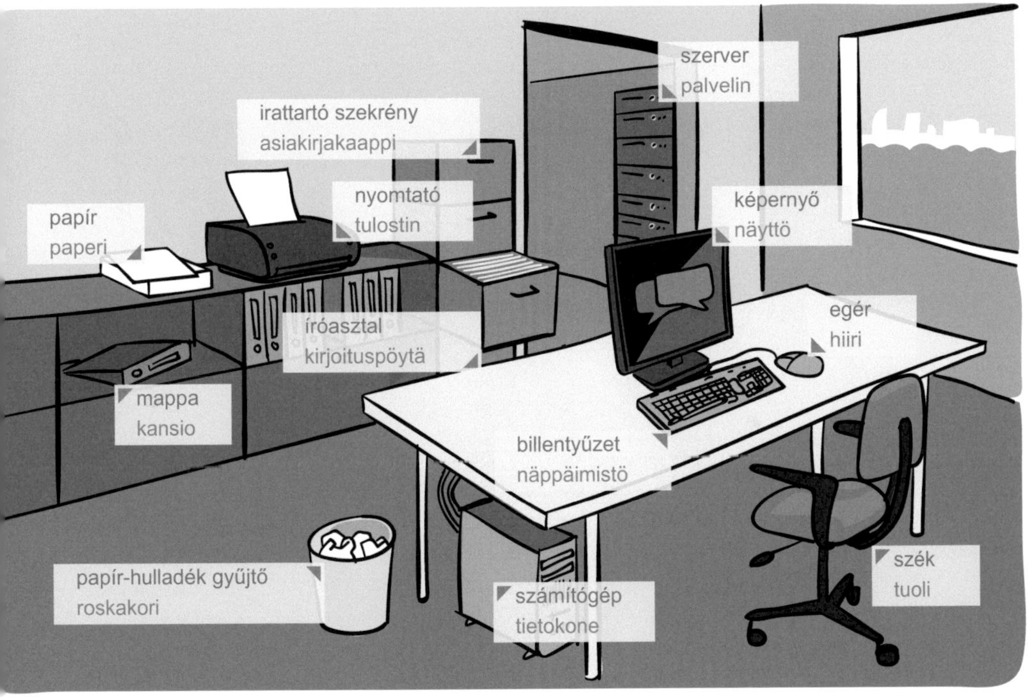

szerver
palvelin

irattartó szekrény
asiakirjakaappi

nyomtató
tulostin

képernyő
näyttö

papír
paperi

íróasztal
kirjoituspöytä

egér
hiiri

mappa
kansio

billentyűzet
näppäimistö

papír-hulladék gyűjtő
roskakori

számítógép
tietokone

szék
tuoli

kávéscsésze
....
kahvimuki

számológép
....
taskulaskin

internet
....
internet

laptop

kannettava tietokone

levél

kirje

üzenet

viesti

mobiltelefon

kännykkä

hálózat

verkko

fénymásoló

kopiokone

szoftver

ohjelmisto

telefon

puhelin

konnektor

pistorasia

faxgép

faksi

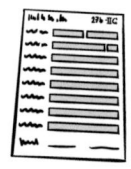

formanyomtatvány

lomake

dokumentum

asiakirja

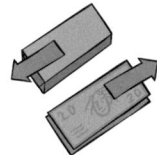

venni

ostaa

fizetni

maksaa

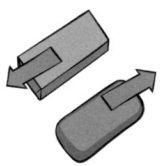

kereskedni

vaihtaa

pénz

raha

 **USD**

dollár

dollari

 **EUR**

euró

euro

 **JPY**

jen

jeni

 **RUB**

rubel

rupla

 **CHF**

svájci frank

frangi

 **CNY**

kínai jüan

renminbi juan

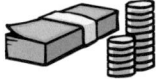 **INR**

rúpia

rupia

bankautomata

pankkiautomaatti

valutaváltó iroda

rahanvaihto

arany

kulta

ezüst

hopea

olaj

öljy

energia

energia

ár

hinta

szerződés

sopimus

adó

vero

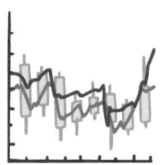

részvény

osake

dolgozni

työskennellä

munkavállaló

työntekijä

munkaadó

työnantaja

gyár

tehdas

üzlet

liike

foglalkozások
ammatit

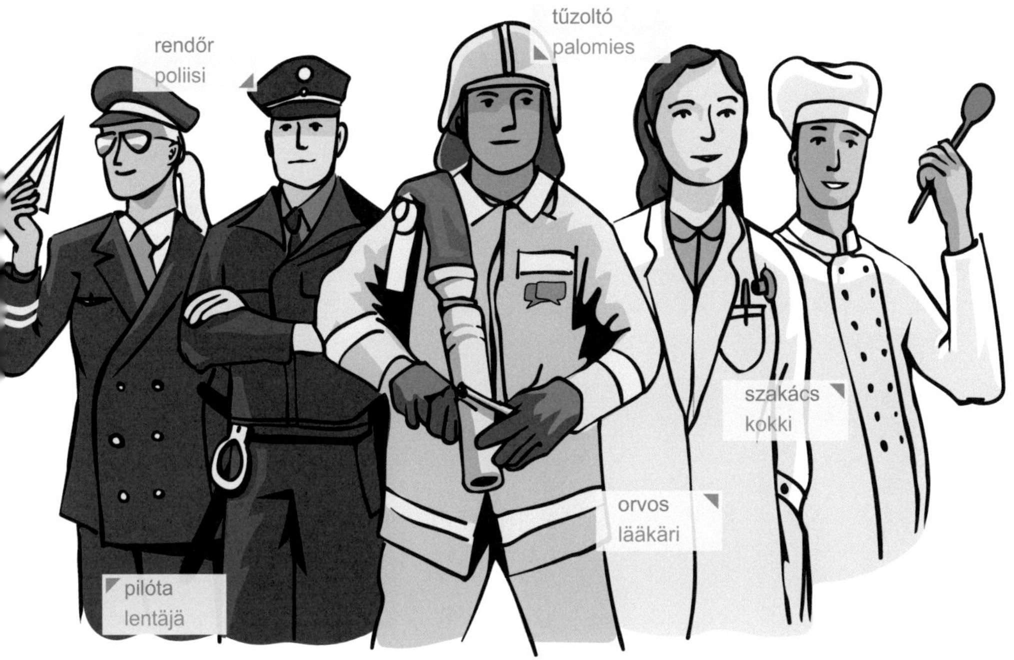
rendőr
poliisi
tűzoltó
palomies
szakács
kokki
orvos
lääkäri
pilóta
lentäjä

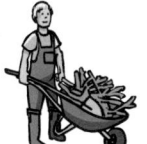

kertész

puutarhuri

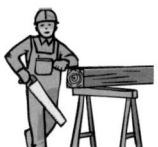

kárpitos

puuseppä

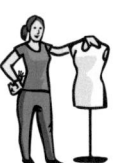

varrónő

ompelija

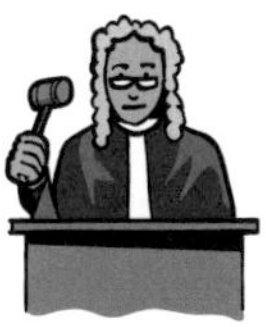

bíró

tuomari

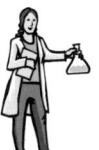

vegyész

kemisti

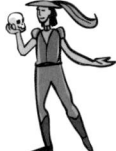

színész

näyttelijä

buszsofőr

linja-autonkuljettaja

taxisofőr

taksinkuljettaja

halász

kalastaja

bejárónő

siivooja

tetőfedő

katontekijä

pincér

tarjoilija

vadász

metsästäjä

festő

maalari

pék

leipuri

villanyszerelő

sähköasentaja

építőmunkás

rakentaja

mérnök

insinööri

hentes

teurastaja

vízvezeték-szerelő

putkiasentaja

postás

postinjakaja

katona

sotilas

építész

arkkitehti

eladó

kassanhoitaja

virágos

floristi

fodrász

kampaaja

kalauz

konduktööri

műszerész

mekaanikko

kapitány

kapteeni

fogorvos

hammaslääkäri

tudós

tiedemies

rabbi

rabbi

imám

imaami

szerzetes

munkki

lelkész

pappi

foglalkozások - ammatit

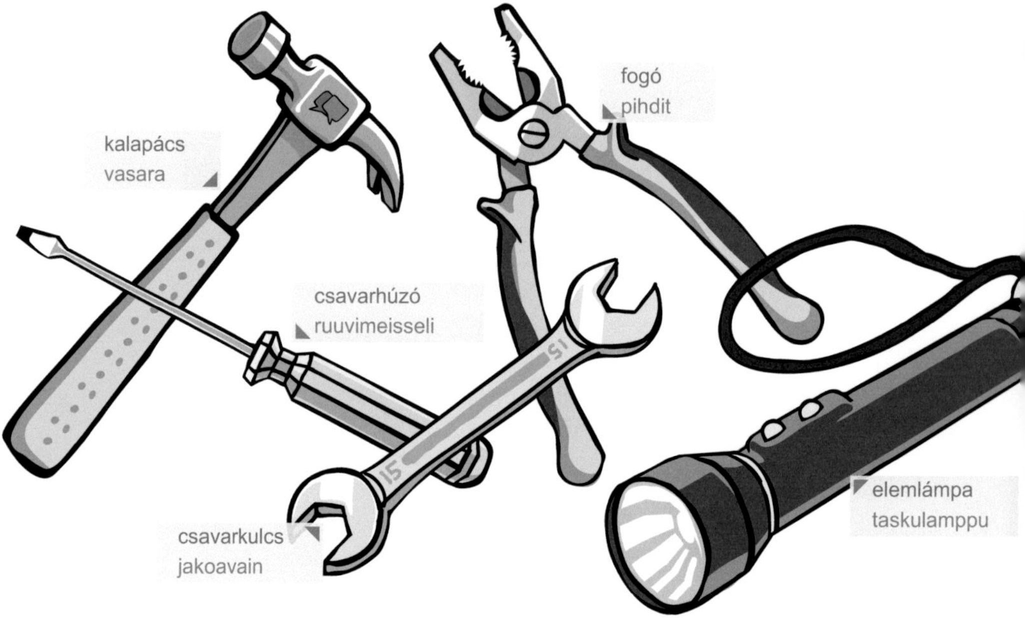

kalapács
vasara

fogó
pihdit

csavarhúzó
ruuvimeisseli

csavarkulcs
jakoavain

elemlámpa
taskulamppu

markológép

kaivinkone

szerszámosláda

työkalupakki

vödör

tikkaat

fűrész

saha

szög

naulat

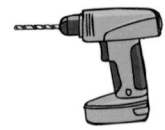

fúrógép

pora

megjavítani

korjata

lapát

lapio

A francba!

Hitto!

szemétlapát

rikkalapio

festékesdoboz

maalipurkki

csavar

ruuvit

hangszerek
soittimet

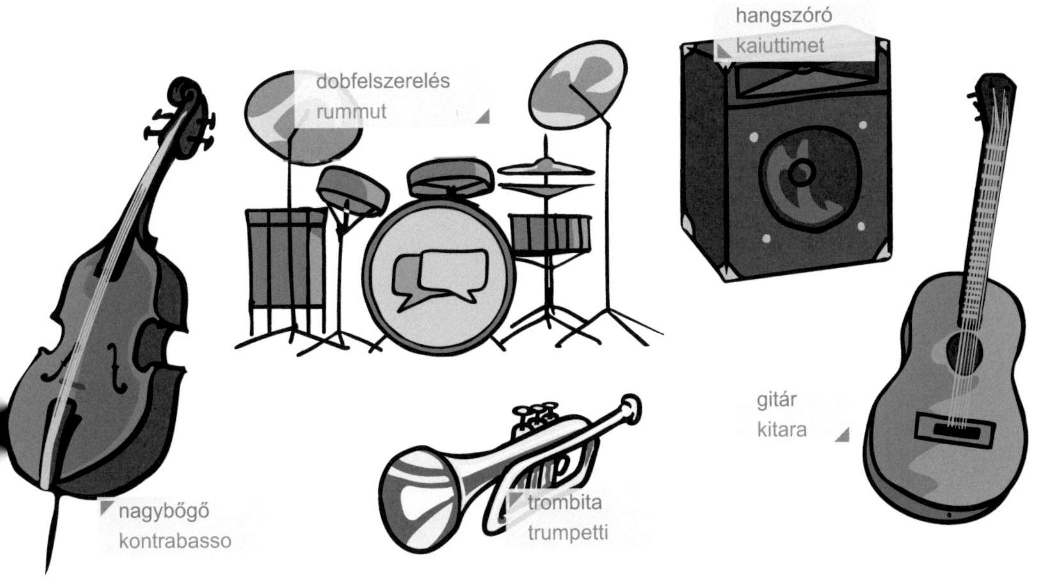

hangszóró
kaiuttimet

dobfelszerelés
rummut

gitár
kitara

nagybőgő
kontrabasso

trombita
trumpetti

zongora

piano

hegedű

viulu

basszusgitár

basso

üstdob

patarummut

dobok

rumpu

digitális zongora

kosketinsoitin

szaxofon

saksofoni

fuvola

huilu

mikrofon

mikrofoni

állatkert
eläintarha

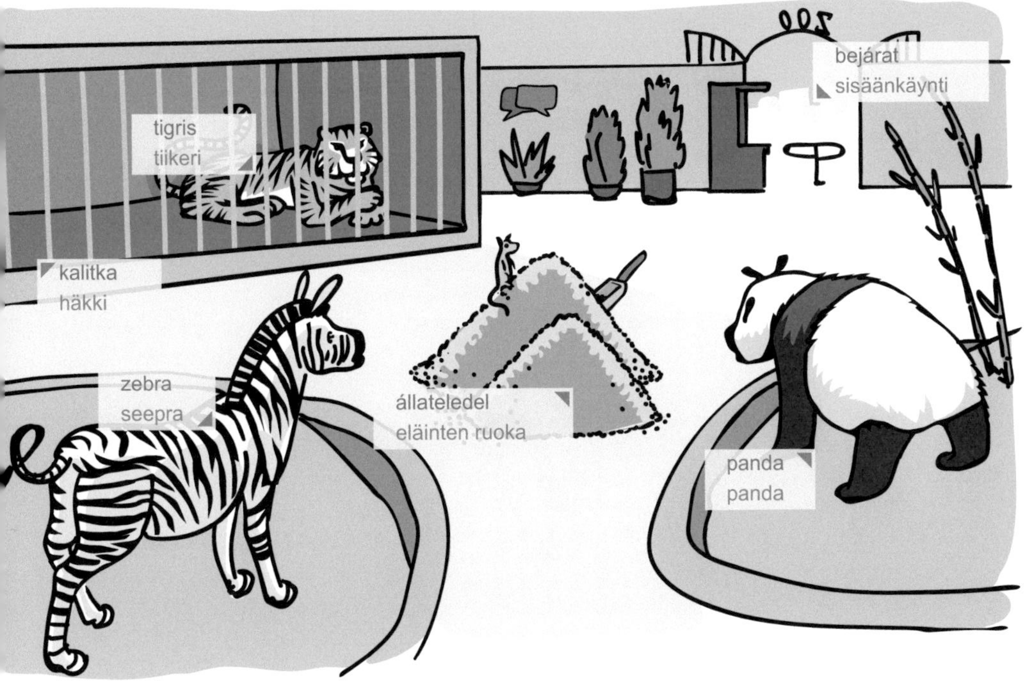
bejárat
sisäänkäynti
tigris
tiikeri
kalitka
häkki
zebra
seepra
állateledel
eläinten ruoka
panda
panda

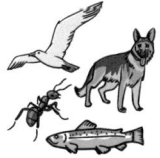

állatok

eläimet

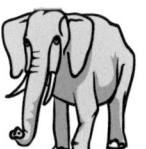

elefánt

norsu

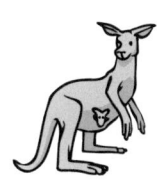

kenguru

kenguru

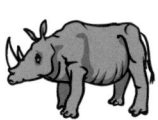

orrszarvú

sarvikuono

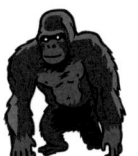

gorilla

gorilla

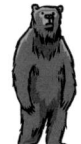

medve

karhu

teve

kameli

strucc

strutsi

oroszlán

leijona

majom

apina

flamingó

flamingo

papagáj

papukaija

jegesmedve

jääkarhu

pingvin

pingviini

cápa

hai

páva

riikinkukko

kígyó

käärme

krokodil

krokotiili

állatgondozó

eläintarhanhoitaja

fóka

hylje

jaguár

jaguaari

póniló
poni

leopárd
leopardi

víziló
virtahepo

zsiráf
kirahvi

sas
kotka

vaddisznó
villisika

hal
kala

teknős
kilpikonna

rozmár
mursu

róka
kettu

gazella
gaselli

amerikai futball
amerikkalainen jalkapallo

kerékpározás
pyöräily

tenisz
tennis

kosárlabda
koripallo

úszás
uinti

boksz
nyrkkeily

jégkorong
jääkiekko

futball
jalkapallo

tollas
sulkapallo

atlétika
yleisurheilu

kézilabda
käsipallo

síelés
hiihto

lovaspóló
poolo

ugrani
hypätä

ölelni
halata

nevetni
nauraa

sétálni
kävellä

énekelni
laulaa

álmodni
unelmoida

dicsérni
rukoilla

csókolni
suudella

írni
kirjoittaa

rajzolni
piirtää

mutatni
näyttää

tolni
painaa

adni
antaa

vinni
ottaa

birtokolni

omistaa

csinálni

tehdä

lenni

olla

állni

seisoa

futni

juosta

húzni

vetää

hajít

heittää

esni

kaatua

hazudni

maata

várni

odottaa

vinni

kantaa

ülni

istua

felvenni

pukeutua

aludni

nukkua

felébredni

herätä

ránézni

katsoa

sírni

itkeä

simogat

silittää

fésülni

kammata

beszélni

puhua

megérteni

ymmärtää

kérdezni

kysyä

hallgatni

kuunnella

inni

juoda

enni

syödä

takarítani

siivota

szeretni

rakastaa

főzni

keittää

vezetni

ajaa

szállni

lentää

vitorlázni

purjehtia

számol

laskea

olvasni

lukea

tanulni

oppia

dolgozni

työskennellä

házasodni

mennä naimisiin

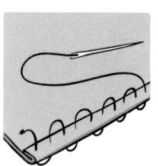

varrni

ommella

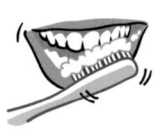

fogat mosni

pestä hampaat

ölni

tappaa

dohányozni

tupakoida

küldeni

lähettää

család
perhe

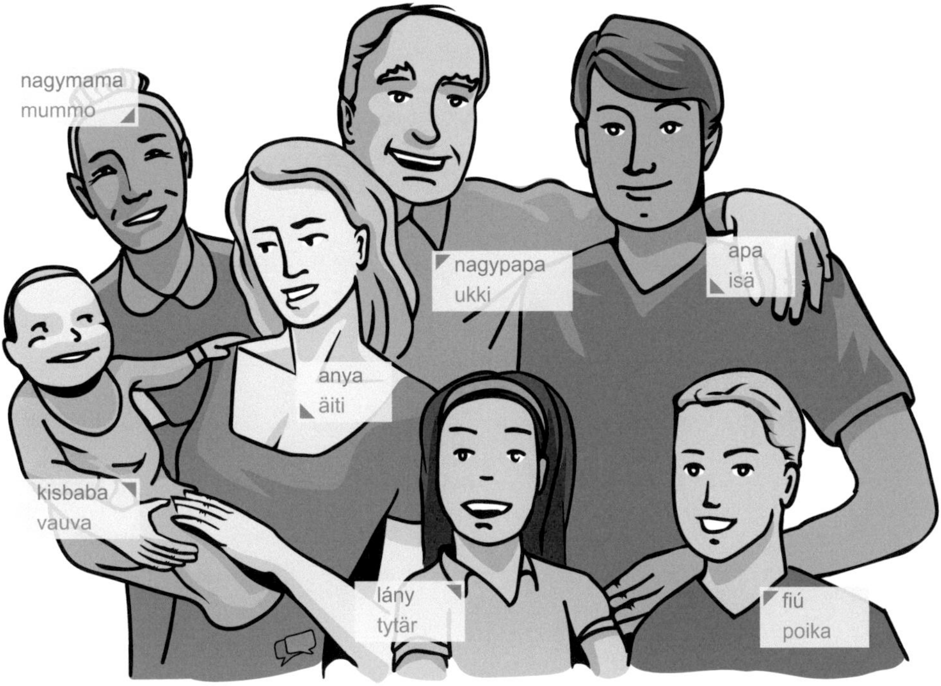

nagymama
mummo
nagypapa
ukki
apa
isä
anya
äiti
kisbaba
vauva
lány
tytär
fiú
poika

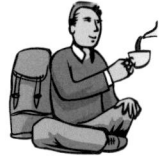

vendég

vieras

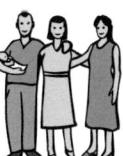

nagynéni

täti

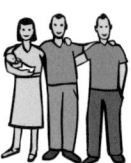

nagybácsi

setä

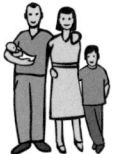

fiútestvér

veli

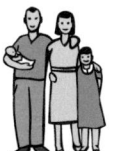

lánytestvér

sisko

test

vartalo

homlok
otsa
szem
silmä
váll
olkapää
ujj
sormet
arc
kasvot
áll
leuka
kéz
käsi
mell
rinta
láb
jalka
kar
käsivarsi

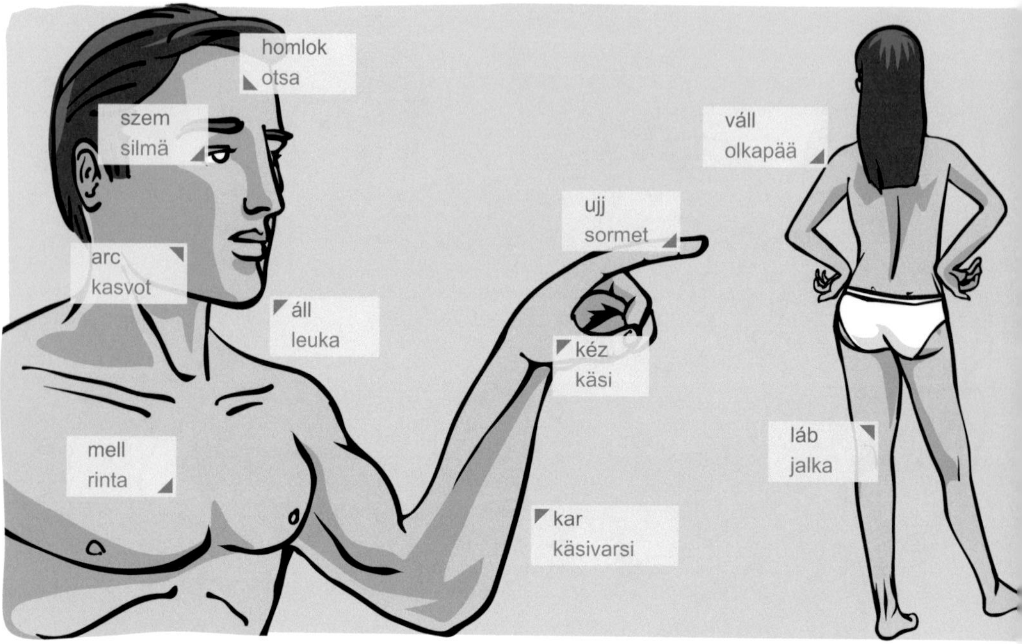

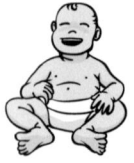

kisbaba

vauva

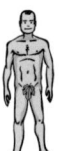

ember

mies

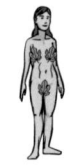

nő

nainen

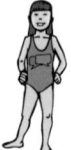

lány

tyttö

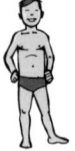

fiú

poika

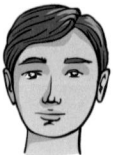

fej

pää

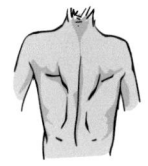

hát

selkä

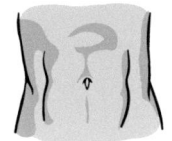

has

maha

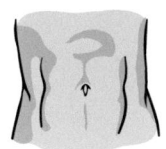

köldök

napa

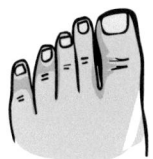

lábujj

varvas

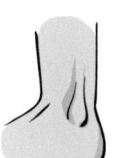

sarok

kantapää

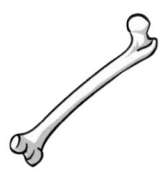

csont

luu

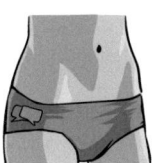

csípő

lantio

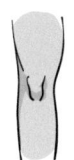

térd

polvi

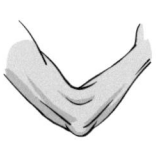

könyök

kyynärpää

orr

nenä

fenék

takapuoli

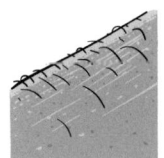

bőr

iho

orca

poski

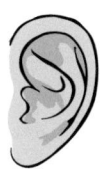

fül

korva

ajak

huuli

száj
suu

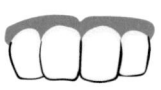

fog
hammas

nyelv
kieli

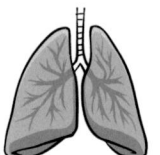

agy
aivot

szív
sydän

izom
lihas

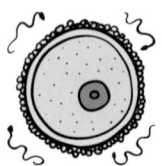

tüdő
keuhkot

máj
maksa

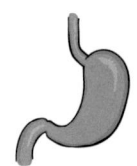

gyomor
vatsa

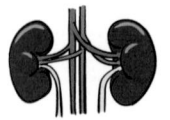

vese
munuaiset

szex
seksi

kondom
kondomi

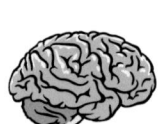

petesejt
munasolu

sperma
sperma

terhesség
raskaus

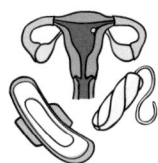

menstruáció

kuukautiset

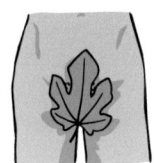

vagina

vagina

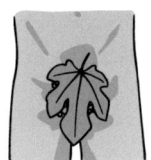

pénisz

penis

szemöldök

kulmakarvat

haj

hiukset

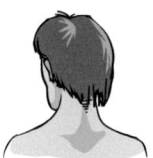

nyak

niska

kórház
sairaala

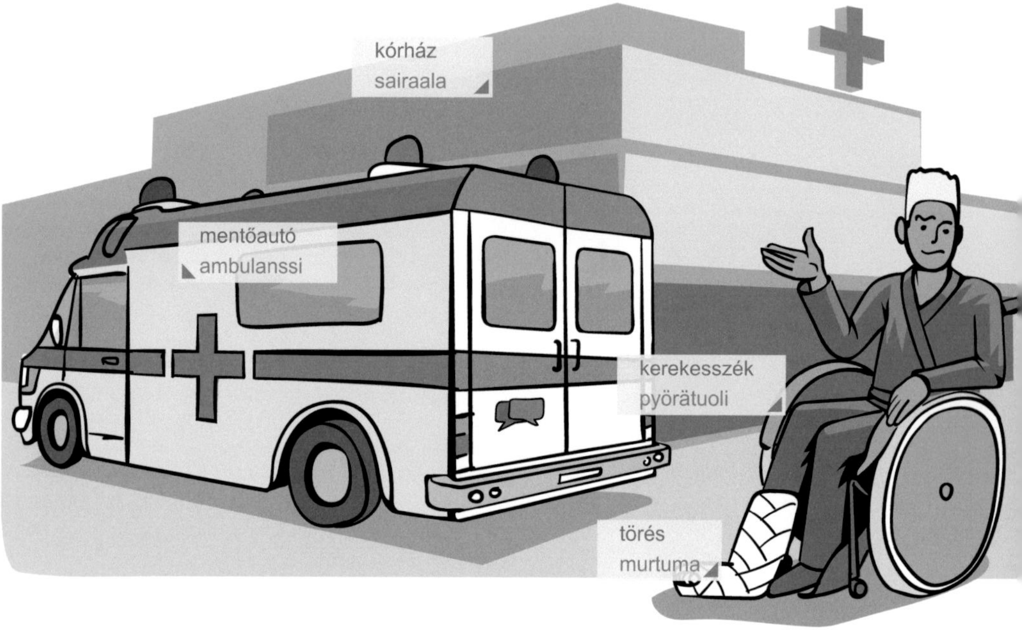

kórház
sairaala
mentőautó
ambulanssi
kerekesszék
pyörätuoli
törés
murtuma

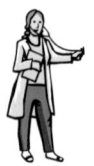

orvos
lääkäri

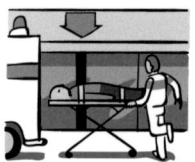

sürgősségi osztály
ensiapu

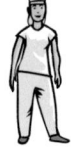

ápoló
sairaanhoitaja

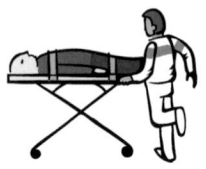

vészhelyzet
hätätilanne

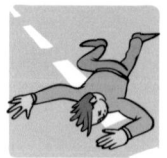

eszméletlen
tajuton

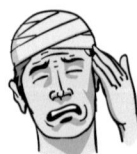

fájdalom
kipu

sérülés

vamma

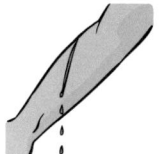

vérzés

verenvuoto

szívroham

sydänkohtaus

szélütés

aivoinfarkti

allergia

allergia

köhögés

yskä

láz

kuume

influenza

flunssa

hasmenés

ripuli

fejfájás

päänsärky

rák

syöpä

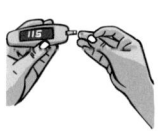

cukorbetegség

diabetes

sebész

kirurgi

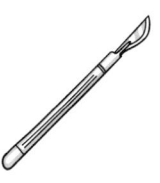

szike

veitsi

műtét

leikkaus

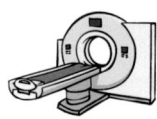

CT

ct

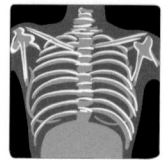

röntgen

röntgen

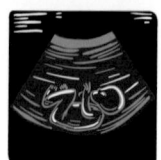

ultrahang

ultraääni

arcmaszk

maski

betegség

sairaus

váróterem

odotushuone

mankó

sauva

sebtapasz

laastari

kötszer

side

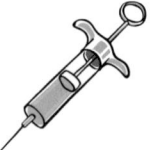

injekció

pistos

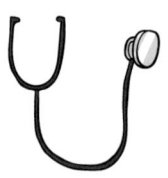

sztetoszkóp

stetoskooppi

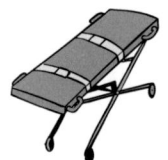

hordágy

paarit

klinikai hőmérő

kuumemittari

születés

syntymä

túlsúly

ylipaino

kórház - sairaala

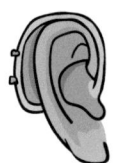

hallókészülék

kuulolaite

fertőtlenítőszer

desinfiointiaine

fertőzés

infektio

vírus

virus

HIV/AIDS

HIV / AIDS

orvosság

lääke

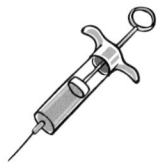

oltás

rokotus

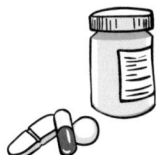

tabletták

tabletit

tabletta

pilleri

sürgősségi hívás

hätäpuhelu

vérnyomásmérő

verenpainemittari

betegség / egészség

sairas / terve

riasztás
hälytys

rajtaütés
ryöstö

Segítség!
Apua!

támadás
hyökkäys

veszély
vaara

vészkijárat
hätäuloskäynti

tűz!
Tulipalo!

tűzoltókészülék
palosammutin

baleset
onnettomuus

elsősegélycsomag
ensiapulaukku

SOS
SOS

rendőrség
poliisilaitos

Európa

Eurooppa

Észak-Amerika

Pohjois-Amerikka

Dél-Amerika

Etelä-Amerikka

Afrika

Afrikka

Ázsia

Aasia

Ausztrália

Australia

Atlanti-óceán

Atlantin valtameri

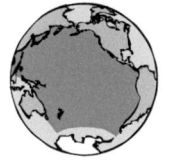

Csendes-óceán

Tyynimeri

Indiai-óceán

Intian valtameri

Déli-óceán

Eteläinen jäämeri

Jeges-tenger

Pohjoinen jäämeri

Északi-sark

pohjoisnapa

Déli-sark

etelänapa

Antarktisz

Antarktis

föld

maa

szárazföld

maa

tenger

meri

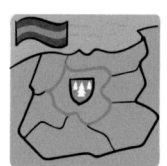

sziget

saari

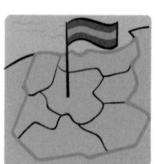

nemzet

kansa

állam

osavaltio

számlap

kellotaulu

kismutató

tuntiviisari

nagymutató

minuuttiviisari

másodpercmutató

sekuntiviisari

Mennyi az idő?

Paljonko kello on?

nap

päivä

idő

aika

most

nyt

digitális óra

digitaalikello

perc

minuutti

óra

tunti

hét
viikko

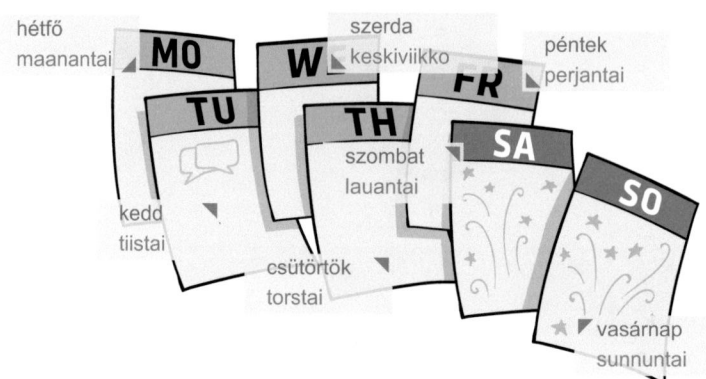

hétfő
maanantai

szerda
keskiviikko

péntek
perjantai

kedd
tiistai

szombat
lauantai

csütörtök
torstai

vasárnap
sunnuntai

tegnap

eilen

ma

tänään

holnap

huomenna

reggel

aamu

dél

keskipäivä

este

ilta

MO	TU	WE	TH	FR	SA	SU
1	2	3	4	5	6	7
8	9	10	11	12	13	14
15	16	17	18	19	20	21
22	23	24	25	26	27	28
29	30	31	1	2	3	4

hétköznap

työpäivät

MO	TU	WE	TH	FR	SA	SU
1	2	3	4	5	6	7
8	9	10	11	12	13	14
15	16	17	18	19	20	21
22	23	24	25	26	27	28
29	30	31	1	2	3	4

hétvége

viikonloppu

év
vuosi

eső
sade
szivárvány
sateenkaari
szél
tuuli
hó
lumi
tavasz
kevät
ősz
syksy
nyár
kesä
tél
talvi

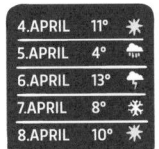

4.APRIL 11°
5.APRIL 4°
6.APRIL 13°
7.APRIL 8°
8.APRIL 10°

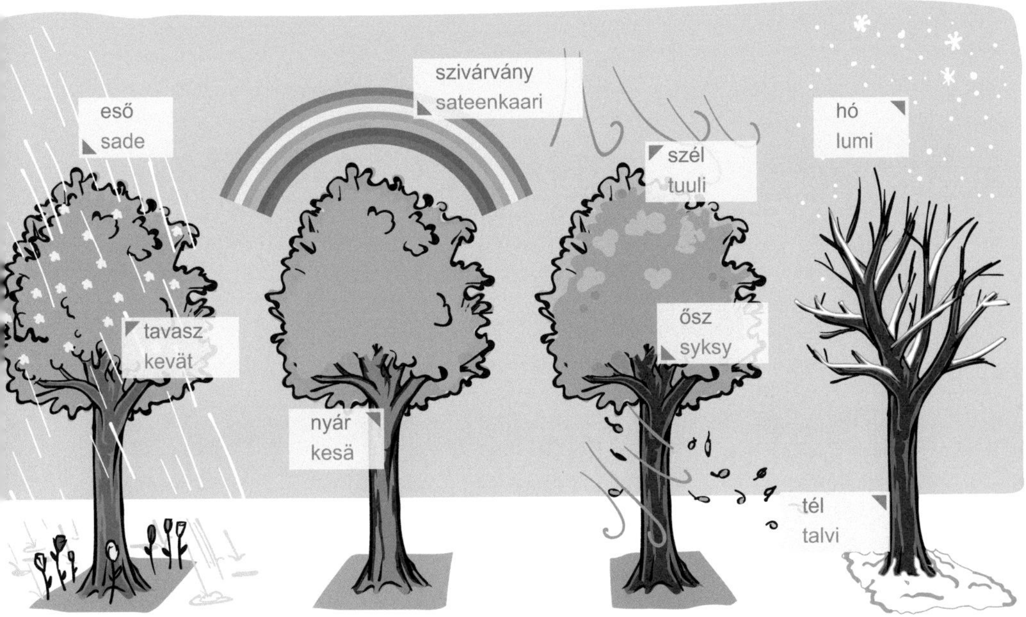

időjárás előrejelzés

sääennuste

F
C
120
90
60
30
0
-30
40
30
20
10
0
-10
-20

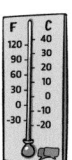

hőmérő

lämpömittari

napsütés

auringonpaiste

felhő

pilvi

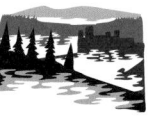

köd

sumu

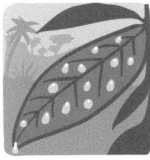

páratartalom

ilmankosteus

villámlás

salama

mennydörgés

ukkonen

vihar

myrsky

jégeső

rae

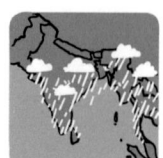

monszun

monsuuni

áradás

tulva

jég

jää

január

tammikuu

február

helmikuu

március

maaliskuu

április

huhtikuu

május

toukokuu

június

kesäkuu

július

heinäkuu

augusztus

elokuu

szeptember
....
syyskuu

október
....
lokakuu

november
....
marraskuu

december
....
joulukuu

alakzatok
muodot

kör
....
ympyrä

négyzet
....
neliö

téglalap
....
suorakulmio

háromszög
....
kolmio

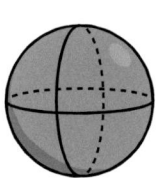

gömb
....
pallo

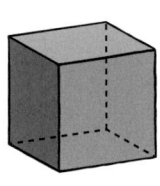

kocka
....
kuutio

fehér
....
valkoinen

sárga
....
keltainen

narancs
....
oranssi

rózsaszín
....
vaaleanpunainen

piros
....
punainen

lila
....
violetti

kék
....
sininen

zöld
....
vihreä

barna
....
ruskea

szürke
....
harmaa

fekete
....
musta

sok / kevés

paljon / vähän

mérges / nyugodt

vihainen / ystävällinen

szép / csúnya

kaunis / ruma

kezdet / vég

alku / loppu

nagy / kicsi

suuri / pieni

világos / sötét

vaalea / tumma

fivér / nővér

veli / sisko

tiszta / koszos

puhdas / likainen

teljes / nem teljes

täydellinen / epätäydellinen

nappal / éjszaka

päivä / yö

halott / élő

kuollut / elävä

széles / keskeny

leveä / kapea

ehető / nem ehető

syötävä / syömäkelvoton

gonosz / kedves

paha / kiltti

izgatott / unott

innostunut / tylsistynyt

kövér / vékony

lihava / laiha

első / utolsó

ensimmäinen / viimeinen

barát / ellenség

ystävä / vihollinen

teli / üres

täysi / tyhjä

kemény / puha

kova / pehmeä

nehéz / könnyű

painava / kevyt

éhség / szomjúság

nälkä / jano

betegség / egészség

sairas / terve

illegális / legális

laiton / laillinen

intelligens / buta

älykäs / tyhmä

bal / jobb

vasen / oikea

közel / távol

lähellä / kaukana

új / használt
uusi / käytetty

semmi / valami
ei mitään / jotain

idős / fiatal
vanha / nuori

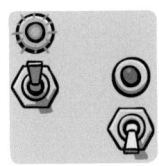

be / ki
päällä / pois päältä

nyitva / zárva
auki / kiinni

csendes / hangos
hiljainen / äänekäs

gazdag / szegény
rikas / köyhä

helyes / helytelen
oikein / väärin

érdes / sima
karhea / sileä

szomorú / vidám
surullinen / iloinen

rövid / hosszú
lyhyt / pitkä

lassú / gyors
hidas / nopea

nedves / száraz
märkä / kuiva

meleg / hideg
lämmin / viileä

háború / béke
sota / rauha

0	**1**	**2**
nulla	egy	kettő
nolla	yksi	kaksi

3	**4**	**5**
három	négy	öt
kolme	neljä	viisi

6	**7**	**8**
hat	hét	nyolc
kuusi	seitsemän	kahdeksan

9	**10**	**11**
kilenc	tíz	tizenegy
yhdeksän	kymmenen	yksitoista

12

tizenkettő

kaksitoista

13

tizenhárom

kolmetoista

14

tizennégy

neljätoista

15

tizenöt

viisitoista

16

tizenhat

kuusitoista

17

tizenhét

seitsemäntoista

18

tizennyolc

kahdeksantoista

19

tizenkilenc

yhdeksäntoista

20

húsz

kaksikymmentä

100

száz

sata

1.000

ezer

tuhat

1.000.000

millió

miljoona

angol

englanti

amerikai angol

amerikanenglanti

mandarin kínai

mandariinikiina

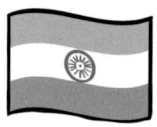

hindi

hindi

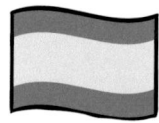

spanyol

espanja

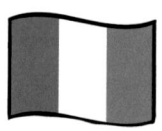

francia

ranska

arab

arabia

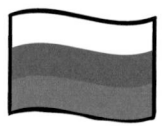

orosz

venäjä

portugál

portugali

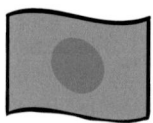

bengáli

bengali

német

saksa

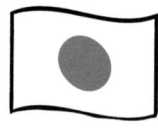

japán

japani

én
....
minä

te
....
sinä

ő
....
hän

mi
....
me

ti
....
te

ők
....
he

kI?
....
kuka?

mi?
....
mitä / mikä?

hogyan?
....
miten?

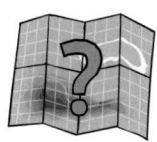

hol?
....
missä?

mikor?
....
milloin?

név
....
nimi

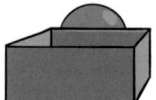

mögött

takana

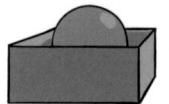

benne

sisällä

előtte

edessä

felette

yläpuolella

rajta

päällä

alatta

alapuolella

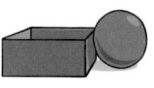

mellett

vieressä

között

välissä

hely

paikka